KOWALSKI
EDITORE

Annamaria Barbera

...SONO STATA SPIEGATA?

Prima edizione gennaio 2003
Dodicesima edizione settembre 2003

Sconsolati di tutto il monto, "Unitemi"!

Sconsolata nasce per amore e solitudine.

Tra le grandi tragedie e le straordinarie fortune, tante le esistenze vissute nella cosiddetta "normalità" fatta di lotte, sofferenze, speranze, propositi. Sogni.

A queste esistenze, racconto la mia; fatta appunto di lotte, sofferenze, speranze, propositi. Sogni.

Nel desiderio piccolo e grande che, pensando a Sconsolata, vi venga da ridere e vi raggiunga il mio bene.

...Sono stata spiegata?

SCONSY STORY

Quando ho nata mi kiamò Consolata. Poi vivento la vita mi cambiò.

Oggi ke sono una donna, una precisa femmina del Bronks torinese, con gli occhi di una donna, vedo la realtà come ke la vedevo quando ero piccola. Solo ke da piccola non la capivo e me ne fottio; adesso invece un bo' lò capita, ma è lei ke se ne fotte di me.

Vengo da giù, anghe se è tandi anni ke sto a Torino e ormai ho pesso combletamende l'accendo, anzi sempro quasi snop... Torino non è una brutta città no, devo dire anzi, è una bella città per detenuti, mi sempra.

Ài mai preso il pullm alle 6 del mattino per andare a lavorare? Peggio di Altrakaz! Un griggiore unico, un tono su tono; l'aspetto più di colore sono gli uomini di colore, ke dopo un bo' di Torino, anghe loro si opachizzano. Tò detto tutto.

Meno male ci sono, almeno fra di noi stranieri ci facciamo combagnia.

Quando non mi vedete a *Zelic,* ciò un lavoro grazie a Dio ke fa skifo, ma celò, spartaim, ma però ciò una bellissima casa in... mente, perké momendaneamente da cicca venticingue anni, sto in una camera ipebbarica mi sempra. 'U matrimonio non mi posso lamendare, almeno fino adesso facendo le corna... La salute ringraziando il Cielo, l'aidiesse angora non me lò preso, anghe perké "seloconosciloeviti", e io vado solo con quelli ke non conosco. Perciò...

Per il resto va bene.

A vivere certi giorni è facilissimo. Altri imbossipile. Noi del Nort poi, siccome ke siamo più in alto, per ki come me viene da giù, ti devi sembre allungare per arrivare a quaccosa e siccome ke cè anghe ki si allarga, avvolte mi senti skiacciare.

Anghe per questo, certi giorni me ne andrei in Olaska!

La dottoressa alla USS à detto ke se vado avanti così, mi viene l'ulcera trifolata.

Mi à anghe detto: "Abbandoni le sue preoccupazioni!".

"Signora, "ciò risposto "io le mie preoccupazioni le ò già abbandonate! Sono loro ke mi seguono!"

Per questo in delle notti soffro d'insonna e anghe di attakki di manico. Ma non è ke posso contare su mio marito. Quello è peggio di Ommitel: cià lo skazzo alla risposta! Alle dieci già dorme, alle undici russa, e alle undiciemmezza, russa e fa quaccosaltro... Mi à fatto skattare il dispositivo beghello nèè, quello ke segnala le fuoriuscite.

Mi à kiamato la signora di sopra, mi fa: "Keccè stata una fuga?!". "Una fuga!?..." ciò risposto io. "Minghia! Un fuggi-fuggi!! Tutti cè namo skappati dalla stanza, pure il topo ke ceccavo!" È un problema guarti, oh già... 'Nvatti ò andata alla USS, al Consuntorio, e celò detto alla dottoressa. La dottoressa m'fa: "Ma suo marito, soffre di meteorismo?". "...Soffre," ciò detto io "dipente dalle meteore!"

Comungue soffriamo più noi!

DOTT. "Allora ci dà questa supposta, metà a suo marito, metà a..."

IO "Signora... Forse non sono stata spiegata?! Mio marito è anolessico. Ano-lessico."

M'parla co' 'o culo!

(Per ki si scandalizzi, è il lessico familiare...)

Pensare ke mio marito Savvatore quando ke lò conosciuto, era così maskio!... (Spezzo un'arancia in favore di mio marito.) Già la presenza fisica, l'altezza... Eh? È alto un metro e un kazzo? Ke centra, tu ai visto solo il metro! Ma tu, lo sai, ke Savvatore quando ke lò conosciuto, sul pantalone al posto della zip, ciaveva il passaccio a livello? (Per avvisare ke arrivava...)

Il preservativo celò dovuto fare io all'uncinetto!

M'arricordo quando keramo fidanzati, cosa vuoi, lui stava da sua sorella io stavo da mio fratello, finiva ke lo facevamo sembre in makkina, cosa vuoi allora non cerano possibilità (neanghe adesso se è peqquesto...) e siccome ke lui non ciaveva lautorradio (ci dicevo: "Non di preoccupare, mi metto io lautoreggenti, in stereo!"), mi candava Savvatore le canzoni, mi arricordo cera Scettem..., guarda no avèvamo airbed, no sedili ribbaltabbili, ma... Minghia! Tuttu 'u quartiere ammo ribbaltato, 'u casino ca facevamo...

Sì, ma tando ormai è un descia-fù... E ammia mi tokka fare la Monaca di Monza (uscita di pista...). È vero ke ormai sono in più o meno pausa, ma ciò angora il mio sex-appind! Cosa credi? Io, dove vato vato, gli uomini mi guartano! Dove vato vato: all'autolavaccio, alla casa del mobile, al supermark, al cimitero... Mi guartano, mi guartano, mi guartano... E basta.

E dì quacche cosa! Ke te lò pnotizzato?

Invitami a prendere un sex-cafè, un cambarisodo, un don Perignoc!

...Anghe se ammia, non lo so se lavventura fine a se stessa minderessa; magari se era fine a me stessa... No perké, proprio di recente, un colleca m'fa: "Sai Sconsolata ti vorrei conoscere". "Anghio" ciò detto "mi vorrei conoscere; sono tandi anni ke ci provo e angora non ò capito come ke sono fatta... Comungue ci vogliamo togliere questa cians? E... comemai, comemai, questo inderessamento?"

M'fa: "Perké mi sempri profonta". E m'mette una mano sulla coscia.

Io lo guardo a dritto e ci faccio: "È vero. Ma tu... Sai nuotare?".

"Perké?" m'fa lui.

"Perké, vedi," ciò detto con lonscialansc "io sono così profonta, ke da un certo pundo in boi... Non s'tocca!"

E lui insiste: "Ma non ti piace a essere toccata?".

"Dipente" ci dico io. "Prima preferirei essere toccata con le parole."

LUI "Ma io sono un tipo kiuso."

IO "Embè, io devo essere 'aperta'?!!"

LUI "Ma tu mi manti in estasi." E si butta addosso.

IO "Io ti manto affanculo! Se non tistai fermo cu' ste mani."

LUI "Ma non ci credi allattrazione fisica?"

IO "Dipente... Credente non Praticante!"

Capisci cosa ke voglio dire? Metti pure ke io ci STASSI, metti pure ke VENCO (ke non venco mai!!), dove andiamo? Dopo ke mai portata in un motel moplen, c'amo fatte tutte le vocali del Piacere, a, e, i, o, uuuuu... 'U soffitto non è viola, non suona l'amonica, al massimo l'antifurto, ca s'anno fottuto 'a makkna... Capisci?

Anghe se celai lungo, ma non mi arrivi al cuore...

Io nell'amore mi devo sentire viva! Mi devo sentire creatura, mi devo sentire animale, m'devo sentire oceano, m'devo sentire terra, m'devo sentire...

M'devo sentire ammio marito ke mi grida dal

cucinino: "Sconsolaataaa! Dove lai messo 'u proflatte?".

IO "'U profi 'latte'?... 'N frigo!"

Comungue, dice ke ki si accontenta gode...

Guarda ke io ke mi accontento sono anni, eh!!...

Ma non mi dire ke si gode!! Specie con mio marito Savvatore? D'tutto lamo provate: kama-supra, kama-sutta... niende!

Mio marito m'à detto ke deve essere un calo dè desiderio; ammia più ke un calo m'pare un crollo!

M'fa lui: "Ke dici, Sconsolata, mo 'o pigghiu stu viagrass?...".

"Mah, o ke noleggiamo una gru..."

LUI "Eh, anghe tu come sei! Metti un bo' in desabbignè, metti un perizona..."

IO "E cu è stu perizona?"

LUI "Il perizona, cara, serve per inguadrare pe' coppire megghiu la zona!..."

IO "...Tsk, è arrvat Osama Bilama!"

Comungue ho andata alla USS, al Consuntorio, e celò detto alla dottoressa.

DOTT. "Fate petting?"

IO "Mio marito 'petting' ne à sembre 'fatting'! Ma non credevo ke..."

DOTT. "Ma no, Signora, pratica il cunnilingus?"

IO "...Cunni-lingus, cunni-minkius, cunni-tuttus!!"

DOTT. "Prente contraccettivi?"

IO "Prima prentevo alla pillola, poi siccome ke non prento più a mio marito, sono in più o meno pausa."

DOTT. "Allora Signora ci do questa supposta, metà a lei, metà a suo marito, prima di arrivare all'Orgas."

IO "Signora, forse non sono stata spiegata?... Se io arrivavo l'Orgas, mica venivo qui. Venivo e basta! Mio marito cià probblemi di evezione" (lo dico con l'erre moscia, dato l'argomento...).

DOTT. "Ma con suo marito l'aveto trovato il pundo G?"

IO "Non sapevo neanghe ke lavevamo perso!"

Comungue ò andata a casa, ò aspettato la sera, lò preso un momendo keravamo soli, lui stava a guardare alla tivù, e ci faccio: "Savvatore tu lai mai ceccato il pundo G?".

LUI "Su ke canale s'pigghia, damme 'u telecomanto."

IO "Savvatore, guarta ke non è 'u G8 du telegiornal."

LUI "E cu è stu pundo G?"

IO "Il pundo G" ciò spiegato "è il punto in cui di massimo piacere."

LUI "Allora G... girati!"

IO "Ke cosa vuoi fare?" ciò detto stupita, sperando un coppo di scena!

LUI "Ti massaggio alla skiena."

IO "Savvatore, il pundo G è una zona eroggica! Tra il monte di Venere e le valli di Comacchio."

LUI "Minghia, possibbile ke per far venire a tia mi devo studiare la geografia?!!"

IO "Non ti preoccupare," ciò detto "questa è un'operazione delicata: ti costruisco l'allegro chirurgo.

"Ti arricordi quel gioco ke quando ke il medico operava sul malato e indovinava il pundo preciso, al paziende si accendeva il naso? Io uguale.

"Proprio tando paziende non sono, però mendre ke tu mi tocchi, io ti guido emettendo un suono, ì-ì-ì-à-à-à-è-è-è; quanto più ke t'avvicini a stu famosu pundo, non appena ke imbazzisco, mi accendo, non il naso, ma quaccosaltro!"

LUI "E tuttu stu casino amma fari? Non lo so, m'sempra meccanico."

IO "Tando cosa credi, se andiamo avanti così finisce ke ti devo mettere il bai-cass..."

Corso di sopravvivenza coniugale

Certe volte mi dico: "Dai, la vita è adesso, cogli l'attimo, non essere pessimistica, di doman non vè certezza, ki vivrà vedrà, cuor contento il ciel l'aiuta, scarpe-diem!".

E mene torno a lavare i piatti

(Se questi sono i miei primi quarandanni, figuriamoci i seconti...)

Ciò detto ammio marito: "Allora, ti ò piaciuta in tivù?".

SAVVATORE "Ti facevo più magra."

IO "Guarda ke io sono magra. È la tivù ke ingrassa."

Comungue ò andata alla USS, al Consuntorio, e celò detto alla dottoressa.

DOTT. "Ma lei, è bullimica?"

IO "Non di permettere più!"

DOTT. "Perké keccosa ò detto?"

IO "Non di per-me-ttere PIÙ!"

DOTT. "Ma cosa ò detto?"

IO "Non lo so. Ma la devi finirla di dire parole ke non capisco!"

DOTT. "Allora vada a fare fotting."

IO "No! S'vada a farsi fotting lei!"

Adesso mi dimagrisco da sola.

Solo ke io, quando ke mi metto a dieta, mancio dappiù.

Non lo so comemai... O ke faccio un bo' di bodi-bill; un bo' di pipposuzione, anghe un bo' di cicc-box (non la conosci? Aggiornati!).

No, il frit-nes mi rimane pesande...

Mi ho anghe presa delle creme: una rigonfiande per il seno, una sgonfiande per la pancia e una crema lift che non ho capito per i glutei. Giacché ci ero...

Solo che non vorrei fare confusione a metterle, e finisce che mi sgonfio il seno, mi rigonfio la pancia, e mi viene una bella faccia lift da culo!

Ke poi, non è ke ciò sti probblemi... Sì, ciò un bo' di cuscinetti ma almeno l'uomo quando si sdraia, è più comodo.

Sai qualè il mio probblema?

Le smagliature (embè, due figli...). Però mi ò organizzata.

Sai ke adesso si usa dipincersi il corpo, farsi il tatuaccio co' lennè?

Allora, io mi ò preso un bennarello, fluorescente, così si vede anghe al buio, mi ò percorsa tutte le linee sulla pancia, così fino fino giù, poi ò arrivata nei pressi di una certa "zona", ciò fatto una freccia: “Vi trovate qui” (per mio marito Savvatore ke si perde sembre pe’ strada...).

Ciò fatto praticamende una cartina topa-grafica.

Unaltra volta ciò disegnato tandi circoletti, “Unite i pundi”: cosa apparirà?

Almeno giochiamo...

Unaltra volta angora, sembre per rimanere in tema di engning... eninghimist... inenghimista... di passatembi, mi ò disegnata addosso un rebbus: sul seno sinistro ciò fatto due trombe e sul seno destro un remo; così quando ke andiamo a dormire mentre ke mi metto la camicia da notte faccio finta di kiederci una cosa tipo: “Savvatore quando ke ti devo kiamare domani?” solo ke subbito dopo la parola “Quando” ci faccio vedere le... rebbus (per gli appassionati ke voglino risolvere ’u rebbus ricordarsi i disegni fatti).

QUANDO...

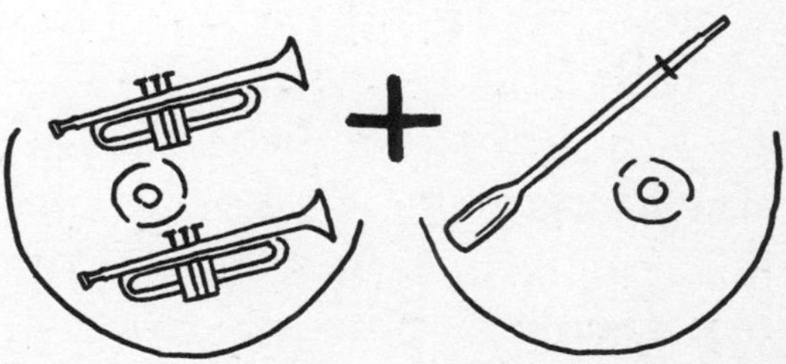

Avvolte una donna ci sentiamo sole dopo l'amore... Io mi sento sola durante!

Ciò detto ammio marito: "Almeno parlami mentre facciamo l'amore...".

LUI "Già non ci riesco così; parlami tu."

Allora mentre ke mi pensavo le parole du repertorio hard ke noi fimmene teniamo a disposizione, ammia mi veniva in mente tuttard...

Adesso scusatemi non vorrei semprare voggare ma, cercatemi di capirmi:

"Scopami" (e ke sono un pavimendo?)

"Sbattimi" (ke mà presa per nu tappeto?)

"Montami" (a neve, o a... panna?)

Ma scusa, molto meglio le parole ke mi penso io...

"Pigghiami"

"Sconfusiami"

"Arrovinami"

"Strapazzazzami..."

"Sottomiiinchiami..."

LUI "Ma non sei romandica."

IO "Più romandica di così... Ke, ti devo recitare *La passera solitaria*?!"

Fiore carnoso e sensuale
bocca avvolta nel silenzio
del tuo fallo in eruzione,
lapilli di piacere bruciano
le mie labbra tagliate.
Trema. La tua terra reduce
di maschio.

Appello a Kledi!

Kiungue conosca questuomo (*Sconsolata mostra foto gigante del famoso ballerino*) melo porti qui. Vivo!

È alto coi capelli bassi.

Cià tutti i peli sul petto come piace ammia.

Si kiama Kledi con la Kappa: Kledi, S... KAPPA con me!

(*rivolgendosi ora direttamente a lui*)

Kledi, ò letto una tua dikiarazione:

– Tu sei sensibbile, io pure (sensibbilissima...).

– Tu sei straniero, io pure (poi casomai ti inderpreto...).

– Tu sei secksi, io pure (ò stata anghio ragazza meloimmaggino, ò fatto anghio la tubista da mio cognato lidraulico, 'nvatti m'anno kiamato per Miss

Muretto, ciò detto "No grazie. Sono già Miss Piastrella!).

– Tu sei ballerino io pure (ti posso fare un passo doppler, un demì-pliants, tu mi puoi fare una salsa, io ti faccio due spaghetti, poi se vuoi vieni a prendere quaccosa su... di me, facciamo un tucca-tucca... e vedrai ke ti trovi bene).

– Kledimi, Kledi!

– Se sei ghei dimmelo! Perké io non ò pregiudizi ma esiggenze...

Mi rivolgo in questo momendo a quaccuno ventualmente conoscesse la signora Maria De Filippi:

Maria, tu mi capisci... (*cercando attraverso una telecamera lo sguardo di Kledi*)

Kledi... *CÈ POSTO PER TE*!

In attesa di Kleidi

Va-me-tecum dell'uomo ideale di Sconsy (indando deve avere le tre S: Secksy. Signore. Sensibbile.)

Poi andiamo all'affabeto

A mi deve... Amare
B mi deve... Bastare
C mi deve... Capire
D mi deve... Difendere
E mi deve... Entusiare
F mi deve... Fascinare
G mi deve... Girare gli assegni
H mi deve... Haccarezzare
I mi deve... Intuire
L mi deve... Le... ggere nel pensiero

M mi deve... Mantenere

N mi deve... Notare

O mi deve... Offrire (sà facciamo alla romana? Io sono siciliana!)

P mi deve... Proteggere

Q mi deve... Qustodire (tu ci tieni alla makkina, alla moto? E stai attendo angora... t'à fottuto! La Donna uguale)

R mi deve... Rispettare

S mi deve... Scatenare

T mi deve... Trombare

U... U quande cose vuoi sapere!!

(dalla posta di Sconsy)

Cara amica, ke mi chieti se per me l'amore esiste. Io anghe melò chiesto quando ke dentro di me l'amore ke mi pensavo era più bello, più grande dell'amore ke poi fuori mi trovavo. Quante volte dopo un orgas mi ò guardata a mio marito ke russava e mi ò detta: "Sconsy, se questo è un uomo, io speriamo ke me la cavo...".

Allora forse l'amore esiste, se resiste. A queste e altre situescion scomody...

In penultima analisi, amica cara, cosa ti voglio dire?

L'amore è come una barca sul mare della vita.

Cè ki celà a vela, ki a motore, ki lo yot, ki un pedalò... e via così. Trovi tu la tua petafora.

Ammia, certi giorni mi piacerebbe ke fosse una Luna Rossa, capace di vincere le gare della vita;

certe sere mi vorrei ke fosse una gondoleta con il mio gondoliere ke mi canta dolcemente "Sconsoeta... Sconsoeta...".

Altre angora una crociera Costa, ma costa...

E il più delle volte mi accorgo ke è un gommone su cui sono salita con dentro gli occhi un sogno, ma alla riva della felicità, mai arrivai.

Quindi amica mia ke mi cerchi un consiglio, se sei ancora in tempo prendi l'aereo!

Cioè, questa volta in ultima analisi, cosa ti voglio dire?

Non rinunciare a volare.

Tua Sconsy

Dal resto, dato l'argomendo,
ti voglio dedicare a tutte le lettrici
anghe maschi
quacche poesia di mia nipote Assunta
ke però è disoccupata
(e 'nvatti fa la poeta...)

Chess' ammor

L'Ammor che d'è?
È 'n'emozion, 'n'esiggenz,
'n'intenzion...

Una scelta, 'na prumess
'na direzion...

È una consapevolezza? Un'intima certezza?
O una forza indipendente, ca nunn 'a spieg
[a raggiunamend.
Pcché si o tin t'send ricc
s'invec o perd t'send niend.

E comm' si chiamm chess' ammor...
Tiene il tuo nome?
Il tuo sapore?

Ca faccia tien stu sentiment…
Tiene i tuoi occhi?
Tiene il tuo mento?

Quann' m'gir
e t'vec accant.
Quann t'guard
i so' cuntent?

Si' tu che ovunque vada
voglio trovare sulla mia strada?

È tuo 'o sguard ca m'cunosc
ca m'comprend
ca m'rapisc?

Tua la mano
ca m'sfior
m'scaten
m'innammor?…

Tua a vocc
ca m'vas
ca m'nutre
mi divora?…

Si' tu ca m'prend le ore
con questo fuoco
chess' ardore
ca nun s'spegn e nun s'ammosc
si nun m'pigghi e m'apr i cosc?!...

Non lo so amore mio
si si' tu
si song io.
Nui simm nui
in quell'istante
questo ho capito
questo è importante
e fing m'piac
e m'fa felic
nun m'n' fott
comm' s'dic!...

Si dice stasera ci vediamo
e il nostro amore
lo respiriamo...

'A Combletezz

E dove sta l'anima mia
l'uomo capace 'e purtarm via...
E dove sta stu Sarracino
stu cavaliere del mio destino...

N'amm scetat
d'guaglion
un po' sinceri
un po' imbroglion...

N'amm passat 'e fruntier.
Mo' clandestin
mo' furastier...

Un po' pirata
un po' signor

agg scippat
tand ammor.

Insomma ho amato
ho amato tanto
fino a sentirmi il cuore stanco.
Tanti gli sguardi in cui ho cercat
senza truvarm mai specchiat.

Comm' nu Mar
l'agg viaggiat
quello che oggi
è il mio passat.

Comm' 'na stell
m'agg appundat
ind 'e nott
in cui ho sognat.

Comm' 'na femmn
m'agg spogliat
ma l'uomo mio
l'avrò abbracciat?

Erano i gesti
della passione.
Carnalità

gioco
emozione.
La ricerca di un piacere
che non ti colma
ti fa godere.
L'esigenza di un amplesso
che non ha dopo
soltanto adesso...

A parte un cuore c'agg tuccat
c'angor batt nun m'ha scurdat
e mang l'ho scurdat io
angh si a Mort
l'ha reso a Dio.

Forse per questo
nun so' felic,
d'innammurarm
nun so' capac?...

Forse per questo non mi esaudisco
dentro le storie che poi finisco?

Però vuless nu sentiment
nu mar apert
nu Via col Vent...
Nu viagg ca nun finisc

pcché è per sempre
nun po' svanisc...

È nu respir
nu penzier
è bisogno
è desider.

È la tua meta ovunque vada
'a Combletezz.
L'elsa e la spada...

Omm

Omm 'o sacce
ca 'u mumend è delicat
ma io ringrazio il Padreterno
per il dì che ti ha creat
ca si 'ngopp a sta terra
ne' mo' tu nun c'stav
ma mo' 'o dic quaccdun
p'ché fare i cambav?

Omm, tu mi piaci
mi piaci avveramente.

Mi piace la tua voce
il tuo corpo
la tua mente.

Mi piace 'o profum tabacc e cafè
m'piacc'n i baff, a cintur, 'o gilè.

Mi piaci tranviere ca m'port
a casa mia.
Mi piaci operaio c'aggiust la via.
M'piac o sportiv
'o candand
l'attore.
Mi piace Bassolino,
Rutello,
il mio dottore...

M'piacc'n tutt.
Nun m'ambort che fa.
M'bast che è 'n Omm!
No, nu quaquaraquà.

Ca tien 'na legge
che è quella del cuore
che dentro è modesto
e fuori è signore.

Ca sap parlart co' bella fantasia
ca pur 'na parola
può metter allegria
Ca sap 'uardart co' chell sorris

ca scaten l'Infern
ma prumett 'o Paradis...

Omm, i so' femmna
e so' fatta p' te.

Ma mi devi cercare.
T'a da perd
cummè!

E nun m'trattann comm' foss
'na "cosa".
Io poi caccio le spine
e ti perdi la rosa!

Omm, i so' femmna
e so' fatt p' te.

Il giardino segreto
dove Dio ci ha creati
nun l'avimm perdut
si restamm abbracciat.

Ma se tu ti ritiri
mio uomo adorato
che devo dire più.
Chi ha avuto avuto

chi ha dato ha dato?...
Scordat ’a costola
che m’hai prestat?...

Oppur vin ca’
e scurdamm’ce
’o passat...

L'autunno è comingiato.

Al mattino la nebbia ti avvolge nei miei pensieri (ki cazz... me lo fa fare alle cingue a uscire cu' stu smoc) e alla fermata del pullm, il pullm non si è fermato. Sul viale i rami rosseggiano, le foglie volteggiano, e i cani scakeggiano.

Piove.

Alle lementari le mamme accombagnano premurose i loro bambini ke si skizzano e si ficcano gli ombrelli negli occhi e i padri si gridano fra di loro dalle macchine:

UN PADRE "Dove kazzo ti sei parkeggiato, stronzo! Non lo vedi ke mio figlio deve entrare a scuola?!"

UN ALTRO PADRE "Embè? Ke la scuola tua è? Anghe il mio deve entrare."

IL PADRE DI SOPRA "Lo so, ma mio figlio è di prima. Si bagna di più!"

A novembre ci sono tutti i santi, ma anghe quacche stronzo, e si festeggia con le castagne arroste.

Si ritorna a pagare 'u riscaldamento e, con tutto ke paghiamo, in casa fa freddo e ci dobbiamo mettere il Pai.

Io ciò sembre la rauchedine e Savvatore la tossa.

Quando ke io mi ammalo e crollo, a casa è peggio del crollo di Uolstrip.

Tutti si gridano addosso: o ke non trovano le cose, o ke non vogliono passare la spirapolvere, e figurati scendere a combrare il pane!

Se i ragazzi si decidino a fare la spesa, il frigo diventa un presidio di pizze, keciup, patatini, coke-cole.

Se la fa Savvatore, insalata russa e sugo pronto.

Ammia nessuno ci pensa, e per avere un bo' di brodo e una frutta, mi devo rivolgere a LONU.

Se la permanenza a letto supera i due giorni, la lavatrice comincia a riempirsi pericolosamente col riskio ke qualcuno l'accente; mischiando insieme la camicia bianca di Savvatore con i gins di Carmelo, il maglione rosso di Whitney e il gatto.

Capisci cosa ke ti voglio dire? Anghe se una alle volte se ne vorrebbe skappare metti in Olaska, a ki li lascio questi?

Io dico, al posto di *CHILAVVISTO?* ke per carità è una trasmissione tando utile (anghe se secondo me se quaccuno scombare un motivo celà...) fate un programma *CHILOTIENE?*, così quelli ke rimangono: un suocero, un marito, quattro figli, celi date a quello ke là visto a quello ke è scombarso, e 'u prossmo s'fa i cazzi suoi!...

Io ciò due figli: una a casa e uno a distanza.

Quello a distanza perké lo vedo solo a cena.

La più grande si kiama Whitney. È bella, magra, alta come me da piccola.

Ci piace la musica classica e ascolta Sciopem, Bram, Wrangler, Vivaldo (Vivaldi se erano due ma siccome ke era da solo a suonare...).

Ci piace leggere, ci piace la pittura, di recenta amo andato alla mostra di Van-Gong e anghe di un pittore ke si kiama come mio marito. "Mamma, non lo riconosci? È Savvator Dalì!"

Ciò detto: "Mah... se era da qui, può darsi ke lo conoscevo ma da lì...".

Whitney frequente il terzo anno di Liceo Artistico e quando ke mi parlo ammia figlia ci do' quasi del lei.

Carmelo invece non frequenda niende, fa solo finta di andarci all'Istituto Tecnico.

Allui ci piace divertirsi, stare con gli amici, sendire la musica, tipo i lunapoppins, i sottotonno, e fare i pezzi (a disegnare sui muri).

A pezzi lo faccio io se non si mette a studiare quest'anno!

L'altro giorno m'fa: "Mamma, m'posso fare il pirs?".

IO "Cu è stu pirs?..."

CARMELO "È il buco al naso."

IO "Ma se già cenai due!!"

A essere mamma ciai sempre il patè.

L'altro giorno mentre ke ordinavo, ciò trovato nello zaino due cose sospette.

Lò kiamato per i capelli e ciò detto: "Carmeeelo! Non sarà mica fettamina?".

CARMELO "Mamma, non vedi ke sono le holsprentolictus..."

IO "E cu è ste prentolictus, medicine?

CARMELO "Mamma, son pastiglie di alla menta."

IO "Non ti credo!"

E ce lò date al pesce dentro la boccia: tembo 5 minuti, è diventato Capitan Findus!

È skizzato fuori dalla boccia, è entrato nel canestro da basket, poi si è fatto un giro sullo sgheibord, è rimbalzato sul combatt disks ed è morto per asfissia dendro le scarpe da ginnastica di Carmelo.

"Vedi?" ciò detto ammio figlio. "Tu farai la stessa fine se ti estassi! Prima fai i salti e poi atterri. E non ti rialzi. Il tuo povero pesciolino muto era, ma kiaro ti parlò! La tua vita nel cesso finisce" (mentre ke tiravo l'acqua).

CARMELO "Maaamma, ma io mica mi drogo!"

IO "Meglio così. Prevenire è meglio ke Precurare."

Ad avere una famiglia ciai sembre preoccupazioni.

Mia sorella Santa è bottana.

Mia nipote Assunta è disoccupata.

Mio fratello Libero è detenuto.

Laltra settimana stavo a casa sua a fare un bo' di pulizia, manno suonato alla porta, era un ragazzo ke vendeva quacche cosa.

"Guarti, la ringrazio ma questa è casa di mio fratello."

"Perké, Signora," m'fa 'u giovanotto "suo fratello non lo usa il folletto?"

IO "E cu è stu folletto?"

LUI "Serve per aspirare la polvere."

IO "No, la ringrazio. Mio fratello à sembre aspirato col naso..."

Anghe per questo, ciò l'ansa e l'insonna.

Quando ciò l'insonna è una lotta. Mi vengono avanti agli occhi nonostante ke faccio finta di dormire, tutti i problemi con due bi.

Non so a ki devo guardare prima. Si spingono per piazzarsi davanti ammia e mi fissano. Vogliono essere ascoltati, risolti, scangellati come per miracolo come alla USS, ke 'nvatti per guarirtisi deve essere proprio ke è un miracolo.

Io celo spiego ke è tardi, o faccio finta ke non ci sono; ma quelli non se ne vanno.

Quaccuno si mette pure sullo stomaco e non è ke si sta fermo!

Quando ke ciò l'insonna mi sento abbraccata, giro per la stanza e mi viene l'ansa, non so a ki kiamare. Il telefono amico?... Se tando è amico perké non mi telefona lui ammia! Mio marito sene fotte, mi lascia sola e russa.

Lo ammazzerei, non fosse ke poi si sveglia ed è peggio. Anzi mi ammazzerei ammia se solo ciavessi dei rimbambiturici.

Ma poi, mi accorgo ke siamo quasi l'alba e m'dico: "Ma sì, domani è un altro giorno...".

Appunto! Come cazz l'affronto se sto uno straccio?!!...

Ma anghe dopodomani è un altro giorno e la speranza è l'ultima a morire.

Per forza! Se vado avandi così, prima muoro io...

Inter in mezzo poetico
di mia nipote Assunta ke è disoccupata
a parte un lavoro ke à trovato interinale,
ke data la parola
non mi fiderei, tesoro…

Il vento gonfia i panni stesi
issando vele variopinte
all'orizzonte dei miei pensieri.
Dalle bianche terrazze del sud
le antenne e i comignoli
intrecciano misteriose comunicazioni
ondeggiando allegri
come compagni di un gioco.
Le corolle affacciate
tremano
timide ed eccitate,
il cielo greve
lentamente
si unisce al mare
in un unico profilo.
Volteggiano nell'aria
passeri spensierati.

Oggi è un altro giorno. Ci vado incondro con leggerezza, come le donne della pubblicità.

Non ò una vita-snella, anzi piuttosto larga. Non mi sveglio ind' 'o mulino biango (però girano le pale anghe qui, specie quando il bagno è occupato) e "in quei giorni" non mi langio dall'aereo, ma faccio i salti mortali come negli altri.

Mio marito non è un uomo ke non deve kiedere mai, anzi kiede spesso... Ieri à kiesto un prestito, ma l'uomo del monte (dei pegni) cià detto no.

A casa mia dove cè Barilla cè caos (di tutto ci mettono in quel mobbile!) e se a tavola ci faccio trovare la zuppa del casale, quattro salti in padella meli fanno fari ammia!

Ammio marito non ciò mai fatto i tortelli di Giovannirana, né i gnocchi di Nonnamelia, ma sembre i miei. I miei!

Eppure, io ke lo faccio da mangiare per davvero, ca scinni, vaio 'o mercato, scelghi, m'carico 'e borse, e fino c'arrivu, non dico ke sono dieci piani d'morbidezza, ma quattro d'merda sicuro! Neanghe grazie m'dice.

'Nvece, la donna della pubblicità, tutto dverso è. Tu à vidisti "Pezzamore"?...

Ecco, lei si butta nell'acqua, ritorna asciutta, ci apre 'u sacchettu, ci mette a tovaglia e già stanga è... E si pigghia 'u merluzzo d'Santuzzo!

Io, ca tritu, passu, cucino, Savvatore se va bene, rutta per esprimermi l'endusiasmo.

Ma non fnisce qui.

Quell'altra, Klaudia Skifer, si gira la testa, ti guarda senza ke nessuno celà kiesto e t'fa: "Perké io valco!". Se valchi non lo so! Però intanto a tia t'danno nove miliardi per baciarti un rospo finto.

Ammia, ke tutte le mattine mi bacio mio marito vero, non mi danno una lira...

Altro ke, CONSIGLI PER GLI ACQUISTI... Datomi i SOLDI PER GLI ACQUISTI!

No ke di qua devo pagare il canone, di là ce MONDIAL CASA ke mi aspetta "Prendi la cornetta..." sono dodici anni ke mi caghi 'u cazz con sta cornetta, se non la finisci prendo la pistola! Non le voglio le pentole a batteria! Non voglio neanghe dormire con l'elefante, ciò già il popotamo affiango.

Lasciami stare! Dormo come cazz voglio io, con gli acari, senza lana pierino, e se m'viene da andare al bagno, la voglio fare normale, norma-le!

Quandocazzomai mi ài sentita fare "plinplin...".

...End yù?

Addiventare Vipps, non è tando facile.

Specie quando sei molto inseguita.

Una volta un fan mi à detto: "Sai, io ti seguo dappettutto!". 'Nvatti eravamo nella tualèt, ovviamende lui nella sua, io nella mia-let.

Unaltra volta mi à anghe fermata la polizia e io mi credevo ke mi arrestavono.

Agli amici per la pelle si aggiungono quelli ecopelle (ke semprano veri ma sono falsi).

Adesso poi che mi sono apparsa su "Sorrisi e Cazzoni", e su altri rotocalci, mia zia Carmela si crede ke ò divendata una diva di Olliwut e vuole ke ci faccio conoscere a Ghery Cupra.

Siccome ke mia zia cià quel morbo ke à il taimer, non ò avuto cuore di dirci ke Ghery Cupra è scombarso e le ò spiegato ke Lamerica è troppo londana per farlo venire qua.

Ma lei mi à detto: "Dicci di venire a cavallo".

"Zia" ciò detto "non è mica Zorro!"

Per il momendo si è tranguillizzata.

In combenso mia cognata non mi dà tregua e mi tormenda.

Siccome ke lo sa ke mi vorrei combrare una casa ma devo angora finire di pagare il dendista a Carmelo (minghia stu apparecchio quando ke mà detto il prezzo 'u dottore, ciò kiesto "Ma vola?". Come un arioplano mi costa!).

Loculista a Whitney e la makkina nuova a Savvatore (non posso dire ke makkina ciò preso perké è pubblicità, ma è decappottata) se faccio un mutuo adesso, prima ke lo estinguo mi estinguo io! (Lo dovrei fare cendennale...)

...Be', mia cognata mi sfotte: "Scooonsy, ma adesso ke ai divendata Vipps, abbiti sembre nella stessa zona, sembre nella stessa casa, pigghi sembre 'u pullm...".

"Pina" ci rispondo io "guarda ke io ò andata a *Zelic*, mica a Lurds!"

Tande volte, mi soprassalgono le paure del futuro. Ke se adesso ò fatto un bo' di fama, per anni invece ò fatto la fame, e siccome ke non sono più una ragazza, non è facile avere diciottanni candava Rita Pavoni, ma neanghe quarandadue.

Poi una voce dendro di me mi dice: "Abbi fede".

Io abbi fede, ma abbi anghe tandi dubbi, non su Dio ma su di me. Mica è facile a essere-umano...

Anghe a voler inseguire i comantamenti, sempra facile...

– Ama il prossimo (cioè questo proprio non lo sopporto; magari 'u prossmo?)

– Non desiderare la donna daltri (e... l'uomo?)

– Beati gli ultimi ke saranno i primi (già alla posta, non vale!)

– Porgi laltra guangia (io due cenò, dopodiké mi posso inkazzare?!!)

Alle volte vado in chiesa a ceccare un dialoco con il Signore, ma nella chiesa del mio Bronx, anghe Gesù stesso, tandi che siamo, per ascoltarci i guai di tutti, à fatto che sedersi sulla croce, così disinvolto con la gamba accavallato.

Al prete quando una volta mi ò confessato, ciò detto: "Allora, mela dà lassoluzione?".

Lui mi à risposto: "La soluzione? E cos'è un quiz?...".

"Lassoluzione!" ciò dovuto ripetere.

E m'fa: "Lassoluzione non lo so, magari un appundamendo...".

Ciò detto: "Ma lei è proprio un don Giovanni!".

"No, mi kiamo don Eros."

E così poi si è confessato anghe lui, e mi à detto ke il suo sogno era di candare e io ciò detto: "Don Eros, non di abbattere, organizziamo una serata Gosp, di beneficenza".

E così, anno venuto tutto il mio Bronx: trams, tossiki, extra-comunicanti... Amo spezzato il pane, amo bevuto il vino, poi ci siamo fatti una canna, e abbiamo candato karaoki fino alle due dinotte.

Don Eros si è sca-te-na-to!

Adesso celebra tutto candando:

– Matrimoni "Semilascinonvale" di Ulio Inglesia.

– Funerali *Eternità* dei Camaleonti; per i più dubbiosi *Io rinascerò* di Riccardo Scocciante.

– Battesimi *Acquazzurracquachiara* di Lucio Battist.

Amo anghe raccolto settandacingue euri per adottare un bambino a distanza. A distanza perké se il bambino ci vedesse, non ci vorrebbe neanghe lui come famiglia.

Siccome ke m'fa un bo' male lorecchio, ho andata alla USS, al Consuntorio, e celò detto alla dottoressa.

La dottoressa m'fa: "È tando ke cià il polipo?".

IO "Ke polipo, io a casa ciò il gatto..."

DOTT. "Ma no, Signora, lei ha un polipo nell'orecchio."

IO "Un polipo nellorecchio?!!... E come è entrato, io al mare non ci vado mai!"

DOTT. "Ma no, Signora, il polipo è una proliferazione delle cellule."

IO "Senda un bo', questa profiterollazione della cellule è grave?"

DOTT. "Si fa un intervento e lo asportiamo."

IO "Con tutto lorecchio? E dove lo esportate?"

DOTT. "Ma no, Signora, è un piccolo intervento in sei ospital."

IO "Ò capito là, vuol dire ke devo morire. E

anghe se sei ospite dell'ospital, non lo so se lo voglio fare stu indervento."

DOTT. "Certo che se non interveniamo il polipo cresce."

IO "Be', in effettivamente non mi vorrei trovare con un tendacolo ke mi esce dallorecchio..."

Così ò andata a casa con questo pensiero senza dirci niente a nessuno, e la notte mendre ke tutti dormivino, mi ò kiusa in bagno, ò riembito la vasca, ciò messo un bo' di sale, un bo' di alghe tipo mare, kissà ke 'u polipo, vedendo l'acqua si faceva 'u bagno di mezzanotte.

Mi ò addormendata così con la testa sulla vasca, 'u polipo non è uscito, e oltre al male allorecchio, adesso ciò anghe male al collo.

Così stamattina me ne andavo con la mano ke mi tenevo allorecchio; Savvatore mi fa: "Ke ciai mal di testa?".

"No, niende" ciò detto io. "È un reumo."

LUI "E dove celai stu reumo?"

IO "Alla mano" (non ci volevo far induire la traggedia).

LUI "E perké t'tieni lorecchio?"

IO "Così, per sendire se mi passa."

LUI "Tutte tu le studi, ciavrei io quaccosa da farti sendire..."

Savvatore come al solito non aveva capito niente e perciò non si era insospettato.

Ò scesa per andare a fare la spesa e nella buca delle lettere cera questo volandino:

MAL DI TESTA?

STRESS?

ANSA?

INSONNA?

RITROVA LARMONIA CON LO YOGHI!

GUARISCE LAURA.

TI ASPETTIAMO COL MAESTRO

PRAMANANDA LASERRANDA

(di preciso 'u nome non mi sosviene)

INGRESSO GRATUITO. AYURVEDA... LEI.

Vedi la provvidenza, mi ò subito detta? Se guarisce Laura, ò pensato, guarirà anghe me!

Ò telefonato inpiedistante (mica ero seduta scusa) a Savvatore:

IO "Savvatoore, vogliamo andare a ritrovare larmonia?"

LUI "Larmonia?... Quando mai labbiamo avuta! Ma ke sei uscita scema ke mi kiami cu ste idee. Lo sai ke ciò dafare a questora."

IO "Perké, ca stai facennu?"

LUI "Sto bevendo 'u cafè."

IO “E tando ci vuoi?”

LUI “Se minderrombi...”

IO “Dai Savvatore, guarisce laura...”

LUI “E ki ’a cunosce sta Laura?”

IO “Savvatooore... Forse non sono stata spiegata: è un corso di yoghi!”

LUI “Cioè? Mi vuoi far fare Bubu? Come nei cartoni degli animati...”

IO “Lo yoghi, scemokessei, è una indisciplina, per fare meditazioone interascendentale.”

LUI “Cu vai dicennu stamattina?!... Medito già sul divano, non ciò bisogno di andare a pagare a nessuno.”

IO “Ma cè scritto ingresso gratuito!”

LUI “Vabbè stasera ne parliamo Sconsolata, ke adesso ciò la pausa.”

IO “Ma se sei cassa-disindegrato! Ke trovasti altro imbiego?”

LUI “No, ma anghe a cercarlo uno s’stanga.”

La sera (a letto...) convinsi a Savvatore ke con lo yoghi aumentava la potenza del... sé.

LUI “Così lo kiamano in Cina? *Se* melo aumenta non lo so ma proviamo.”

Così amo andati, e quando ke amo arrivati cianno subito fatto levare i scarpe.

Amo endrati, nella stanza era pieno di incenzo ke dove ti giravi era fumo d'incenzo (per forza, stavano tutti senza scarpe) e io un bo' sbarcollavo. Savvatore faceva l'ascettico.

Al cendro della stanza il guru.

Ciamo seduti per terra in su dei cuscini, mendre il guru diceva: "Visualizza un punto".

In silenzio ci faccio a Savvatore: "Keccosa vedi?".

LUI "Cosa vedo? Il pundo!"

Il guru indando diceva a tutti aprendo le braccia: "Ommm...".

In silenzio ci faccio a Savvatore: "Apri le braccia, fai Ommm...".

Ma lui niende, con le braccia inconserte faceva strunzonismo.

Allora mi ò messa a farlo io: "Ommm... Ommm... Ommm...".

E mi sendivo come salire (minkia, mi ò pensato, stu yoghi già fa effetto!). E ci faccio in silenzio ammio marito: "Savvatore, guardami: ti sempra ke lievito?".

SAVVATORE "Sì, come una pizza."

Per non darci soddisfazione ò condinuato ke mi sempravo una tibbettana: "Ommm... Ommm... Ommm...".

Ommalosai ke mi ò addormendata?!

Così, quando ke è finito stu eppining, amo

fatto per uscire e alla cassa cianno fermato kiedendoci cinquanta euri.

Savvatore ci fa: "Ma non era ingresso gratuito?".

Cianno risposto: "Sì, per endrare non si paga! È per uscire ke devi pagare".

SAVVATORE "E a ki vanno sti cinguanda euri?"

GLI YOGHI "Al guru."

SAVVATORE "Perké, ke avrebbe fatto stu guru?"

GLI YOGHI "Lui ti apre i ciakra."

SAVVATORE "Ah sì? E io ti apro il culo se non m'fai passare a me e mia moglia. Esci fuori le scarpe!"

Così ci siamo ritirati e amo finito la sperienza mistica.

La prossima volta penso ke mi scriverò a una danza di carattere, basta ke va d'accordo con quello di mio marito ke à un carattere dimmerda.

Il passato mi attraversa
come una lamiera.
Mi sfoglia, mi frantuma,
cristalli esplosi
in un drammatico
rallenty.
Così cammino nel mio presente.
Insospettato reduce
sul set disabitato dei
ricordi.

Andato voi in vacanza questanno?

"No io questanno no, no questanno... No questanno preferisco così"... Sono dodicianni ke "preferisco" così!

Agosto a Torino? Altro ke Crosta Smeralda... Comungue mi ò organizzata neè? Al mattino mi abbronzo, mi sdraio sul davanzale; poi al pomeriggio mi vedo una fiskion *Vivere, Sopravvivere a Vivere*... Poi mi seguo la Borsa (soprattutto ammia ca num mi la scippinu...), poi mi seguo *Oggi al Parlamento, Ieri mi ò seguito mio marito* ca nun zi sapi mai...

Poi mi sfoglio un rotocalcio tipo "Puttana Eva tremila", poi mi passo a quacche lettura più impegnata tipo un Milan Cuntera... Non gredevi, eh?, ke conoscevo a Milan Cuntera (o Cunterà). Lo conosco lo conosco, angora non ò capito in ke squadra gioca stu Milan, ma lo conosco.

...Altro ke leggerezza dell'essere: due coglioni così ti vencono!

Poi la sera esco, m'imbrofumo tutta bella di Autàn, mi vado a manciare un'anguria al kiosco, mentre ke le zanzare s'manciano ammia...

Poi torno a casa, mi vedo un bellissimo di retequattro, poi un bruttissimo, poi un bastakemiaddormendo (Airport 79 è il numero delle volte kelòvisto...).

Menomale ciò il frigo bello pieno neé... vustel, pizzette, keciup, non ò i gnocchi di Giovannirana, né i tortelli di Nonnamelia, ò una pastafforno di mia zia ca nessuno ci faci pubblicità, ma... Minghia da pedderci il condrollo!

Pakki così di birra e coke-cole laiz, per langiare rutti condominiali a finestra aperta, nello Spazio! M'vendiko...

Poi m'guardo il cielo, se cè una stella mi sprimo un des'derio...

Solo ke la mia devessere una stella...

s-cadente!

Miriade

Come manciata di diamanti
sul velluto della notte
così le stelle
gridano nel silenzio
la bellezza del mondo.

...Fammi andare a casa va, ke domani arriva mia cognata: è andata in Irrrlanda... in Irrrlanda? Non capisce un cazz... di Catania, seneva in Irrrlanda... Tando quella dove va va se ne torna sembre uguale! Sembre... Fosse anghe un pacco, lo mandi in Australia, torna un bo' più oceanico no?! Mia cognata no.

Già al telefono lò sendita:

MIA COGNATA "Ò corrs, ò corrs, ò corrs..."

IO "E siediti! Se ai corrs..."

Sembre MIA COGNATA "Per Natale ti manto li-mei?"

IO "No, te li manto io li-mei, visto ke sono anghe li-toi, no ke tutti gli anni me li appiazzi ammia!"

Angora MIA COGNATA "Sai, io navigo in Indernet!"

IO "E io, navigo nei debbiti!"

Sembre purtoppo MIA COGNATA "Sconsy (mi chiama così per darsi learie), tu non campi le tente? Io ò campiato tutte le tente uguale al divano..."

"Pina!" lò inderrotta. "Io è già tando se campio le lenzuola, va bene?!!"

MIA COGNATA forever "Ah, io se un capo non è firmato..."

IO "Ah, io anghe... Io ciò tutto firmato. Tutto firmato a campiali! Ciò il mio stilista di fiducia, Rocco Marocco..."

O già, la classe non si sciacqua!

Io lo dico sembre neè: "...Toglietemi tutto, ma non il mio ombreel!".

Metti ke piove? Come cazz... vado a casa!

Sicilia

Sicilia mia bedda
quannu vaiu luntanu
tu me parli
come fimmina lassata.

E m'aspetti.

Amara e fedele
vestita di mare
e di cenere.

Sicilia
io t'appartegnu.
Come figghiu ca 'a matri.
E ti portu supra
gioiello andicu
sulla mia anima
nuda.

(dal diario di Annamaria)

Quando tornerò a Torino, di questo Sud mi mancheranno i bucati stesi a sventolare dalle terrazze affacciate e la pace di quella libertà.

La vita semplice di paese. La vicinanza e la grande simpatia della gente pugliese. La speranza.

Il mio desiderio di amore e umanità gentile trova qui la sua accoglienza. Ogni paese è un cuore che batte nel materno corpo della sua terra.

E il Mare che irrompe nelle umane quotidiane vicende.

Un amico che ogni giorno rinnova il suo miracolo. Ora quieto e profondo nell'accogliere i nostri affanni, come dita le sue onde a sfiorare le nostre vite.

Ora vivo e palpitante, come il nostro spirito deve essere, a difendere emozioni che non possono morire in un esistere rassegnato.

Finché posso guardare il Mare, posso sperare che l'Umanità si ricordi di Dio, posso credere che la vita mia e degli altri sia capace di bellezza.

(Ottobre 2002, Polignano a Mare)

Polignano a Mare

Polignano si è dipinta in me
come su una tela.
Stradine bianche, ringhiere verdi,
arcate, tetti merlati.
Il Mare si spalanca
sotto le terrazze affacciate,
e verde
denso
si smarrisce
nelle grotte di pietra scavata.
Come un puro brillante
nascosto su un dito geloso
stordisce di luce
e di quieta meridionale indolenza
un'esistenza appoggiata
al davanzale del Vivere.

(dal diaro di Annamaria)

Perché non sono felice a Torino?

Forse perché ci sono nata e cresciuta, e la mia vita si è scritta lì quasi ogni passo. Con le sue fatiche e le sue sofferenze incise in me.

Ma non sono indifferente a Torino.

Anzi, l'amo.

Amo i suoi parchi, i suoi viali. Amo le sue piazze. I suoi cavalli di ferro.

Le Montagne che la guardano. Il Fiume.

I suoi autunni.

Vedo il suo conflitto fra dovere e piacere.

Mi intenerisce il suo tentativo di modernità.

Mi infastidisce, come ovunque, il suo snobismo intellettuale.

Amo l'eleganza, il garbo del suo dialetto.

E la gente, dalle disparate e disperate origini, che è ricca anche quando è povera.

Perché Torino mostra i denti, e chi soffre capisce tante cose.

L'Amo. Violentemente. Come si ama chi non vuoi lasciare, pur comprendendo di non poter restare, perché incapace di sollevarti dall'ansia del vivere.

Foto di Marina Alessi

NON SOLO SCONSY

Dalla galleria di *Zelig* occhieggiano maliziosi, singolari ritratti di celebri eroine del passato, o anonime comparse del presente. Che sia la rassegnata Penelope, un'imprevedibile Giulietta, o la combattiva Sconsolata, dietro ogni volto lei: Annamaria Barbera e la gioconda ironia di una Fata Morgana della nostra scena.

BEATRICE

(...Davvero Dante seppe offrirle il Paradiso?)

(*canta*) ...La porti un bacione a Firenze, e l'è la mia cittàààà.

Ovvia 'un mi riònoscete? I' son la Bisce di Folco Portinari, la fidanzata de' il Dante, quel giovine baldanzoso!

"Divina, te tu se' Divina" mi disceva...

BEATRICE "Ovvia Dante, 'un fa' la *Commedia*..."

DANTE "No, no, io fò sul serio, io ti voglio offrì una *Vita Nova*..."

Sicché gli credetti. 'un l'avessi mà fatto: tutte le sere a casa.

"Dante" facevo io. "Si va stasera a cena all'Ugolino? Pare 'e si mangi tanto bène..."

Lo sai 'e mi disceva?

DANTE "*Beata* te... Te tu 'un c'hai penzieri... Io qua sto in un... *Inferno*!"

BEATRICE "Ovvia Dante, 'un esagerare ora... L'ha telefonato il Paolo e la Francesca, l'ha detto 'e si va a fa' picche-nic sull'Aèronte innanzi la dimane?"

Lo sai 'e mi disceva?

DANTE "*Beata* te... Te tu 'un c'hai penzieri... Io qua sto in un... *Inferno*!"

Sempre ostì, 'apito? Sempre a parlà con quel suo amico, il Virgilio (ma che c'avranno da dirsi?). Ala lunga uno vien anche noioso, via! Sicché cercai di movimentà un po' la 'osa.

BEATRICE "Dante, la Beatrice l'è ancora una bella donna, e quando la tu' moglie passa per la 'ontrada, la si guarda, la si mormora..."

DANTE "Non ti curar di lor, ma guarda e passa..."

BEATRICE "Dante, io passo ma mi curo, anche perché si disce che tu ora a parlà 'ol Virgilio, e ora il Pier delle Vigne, ora quell'altro... "Tanto gentile tanto onesta pare la donna mia quand'ella altrui saluta" (perché invesce come l'è: troia?!). Ecco Dante, tutti sti òmpari omini, te tu sara' mica dell'altra sponda?"

DANTE "Vuolsi 'osì 'olà come si puote e più non dimandare."

BEATRICE "E no, Dante, io dimando. Son la tu' moglie mica per nulla."

DANTE "Amor c'ha nullo amato amar perdona..."

BEATRICE "Dante, io perdono ma me ne vo'. Me lo potevi di' prima!

Sicché lo lasciai, gli scrissi due righe (mi rivolgo nevvero se gliè qualche fanciulla 'e gli frulla prende' matrimonio...)

"LASCIATE OGNI SPERANZA O VOI CH'ENTRATE."

Restando in tema di Paradiso, come non pensare alla sua Sovrana?

MARIA

(...Ma Maria, dopo quel momento di gloria, adesso che fa?)

(*l'attrice indossa panni e gesti da commedia dell'arte*)

Premetto che son credente per davvero.
Mi scuso dunque col fedel e con il clero.
Vogliate perdonar l'innocente ironia.
Mi inchino a lor signori e alla dolce Maria.

(*sta rassettando la casa, canticchia con chiaro accento piemontese...*)

Voglio una vita spericolaaataaaaa... Voglio come

Stiivmecuìiiin...

(*din-don, suonano alla porta*)

Chièeee?

(*dietro la porta una telecamera e un microfono, si direbbe un giornalista*)

Sì, sono io, Maria di Nazzaret. Adesso ci siamo trasferiti nel cuneese, perchéééé?

Un'intervista? Mah, guardi... Sai nen. L'era

an camin ca fasìa an poc ad pülisia... ma è della Rai tivì? Ah, è del Costanzo Sov?

...Va bin, va. Zi fazzo un cafèèèè?

(*il giornalista inizia la ripresa*)

Guardi... È passato tanto di quel tempo, che 'am ricordu pi nen. Eravamo lì, io e mio marito che si fazeva zena, in tivì aiera m'asmia *Biutifull*... A un zerto punto sentiamo suonare.

"Sa' vai te?" zi fazzo a mio marito.

Vai te vado io, vado io vai te, vado io.

Chi ca l'è? Sciairu pà (non ci vedo mica).

Era l'Arcanzelo.

MARIA "È di Mondial Casa?"

ARCANGELO "No, ma è stata presielta dopo un'accurata selezione..."

MARIA "Ommi, è di Selezione??!! Spetti né, che ci chiamo mio marito."

(*urlando*) "Beeeeeeppeeeeee! Ven po' a vdde, c'aiè quaidün c'at zerca."

BEPPE "Sì, mi dica, sono io il marito."

Così l'Arcanzelo ci ha spiegato tutto e... per opera dello Spirito Santo.

Mio marito zi fa all'arcanzelo: "Come sarebbe a dire, il marito sono io e l'opera è... Ciama 'n aut!".

L'Arcanzelo però ci ha spiegato che le vie del Signore sono infinite... Ben, finìu pì nen! (non finivano più). Mi han fatto andare in giro come una pellegrina, guardi "Ne faremo un signore...". 'Ntna crota l'an famlu nascere, ca fasìa 'na freid... Nianca an caldobellodelonghi l'an fame truè. (Me l'han fatto nascere in una grotta, che faceva un freddo... E neanche mi han fatto trovare un po' di riscaldamento.) E se veniva fuori una bambina? Pì nen finìu... Mai pì nèe.

E Canaa, e i pani, e i pessi... L'ho visto io una volta mio figlio che ci fa alle turbe: "Adesso bastaaaa, posso mica fare miraacoliii!". Era esauriito... O già.

Un'altra volta torno da far la spesa, non me lo vedo che cammina sulle acque. Ma dove vai, che non sai nuotare!!! Raabbi...

Guardi, mac na mare, solo una mamma née...

E quando me lo mandavano su e giú dal Calvario? Per gli allenamenti... Che poi è lì che me l'ha notato il Zeffirelli... E anche lui ci ha tirato su una barca di soldi, e noi, non abbiam visto un'ostia!

Dov'è adesso mio figlio? È giú nell'orto.

Se prega? No no, che prega; coltiva piante di Mariuana e sogna il Paradiso... Ha capito?

Arvzze né (Arrivederci). Ca staga bin (Stia bene).

...Consigli per gli acquisti.

GIULIETTA

(*una voce autorevole fuoricampo*)

"Madame et monsieurs, attentions, on est collegué avec la television européenne... Siamo collegati con la TV europea... On est en train de vous présenter... Stiamo per presentarvi... Un scoop encroyable... uno scoop incredibile... Juliette Capuleti... Giulietta Capuleti... L'eroine tragique de William Shakespeare... L'eroina tragica di William Shakespeare... Elle n'est pas morte... Non è morta? No!... Elle est ici avec nous ce soir... È qui con noi... Voilà!... ...Ladies and gentlemen: Giulietta Capuleti."

(*Giulietta entra con occhiali scuri e passo da diva*)

Well... Ringrazio tiutti per questo Telegato...

(*silenzio imbarazzante*)

No è Telegato? Maybe Notte degli Oscar?

(*nessuno risponde*)

No Notte Oscar?

Where we are?

Zelig??!!

Ok... So good.

(*Giulietta toglie gli occhiali, sorride, concede l'intervista*)

Well, I come from Verona. You know Verona?

I'm born in Italy. I speak Italian. Io parla italiana. Se tu voi, ok?

No parla tanto bene perché dimenticata, but I try. Io prova, ok?

Quando io giovine, io stava in Verona, felice sì, abastanza, aveva my boy-friend, Romeo, simpatico, yeah, un po' noiosso, ah?

Sì, porché lui veniva sempre sotto casa, sotto mia finestra con musica Jovinoti "Affaciti la finestra ammore mio...".

Oh, Romeo, diceva io, perché sei tu Romeo. Why?

Lui insisteva me fidanzare.

Io diceva: "Romeo, no è momento storico". Lasci stare me.

Ma lui no capiva.

Romeo, guarda mie amiche: Ofelìa, venuta matta porché aveva fidanzato scemo che andava in giro con teschio in mano a spaccare palle a tutti porché ancora no aveva deciso se morire o dormire...

Ma vai un po' a lavorare, please... Vedi che ti chiarisci aidìa... idea, sì?

Desdemona? Morta. Amazzata di lui. Otelo. Otelo gelouso!

Era venuto moro dalla rabia... Anche se diceva che no era vero un Cassio. Sì...

Lasci stare me Romeo, no è momento storico...

Ma lui insistuto, anche frate Lawrence: "Prendi sonnifero, dormi per davero!".

Lui convince me. Ok basta che shat-up!

Allora io dico voi: tu vedi me dorma; cosa fai? Dame un basin, uno schiaffon; no, lui morto. Subito tragedy! Un po' di sense of humor... Per favore.

Allora tutti corsi da me e dire: "Juliet, sveglia, successo disgrazia. Romeo morto".

Devi morire anche tu.

IO "Cousa? Deva morire? Io deva morire? Tu sei scemo!"

NOBILI "Juliet, questa tragedy, se tu non collabòri, e muori, Scandalo!"

IO "Chiama William. Subito! Immediatly!! William? Tu messo me in questo casino, tu mi togli! Scusa, io giovine..."

Così ho scapata in England before and then in States. Sì, yeah, in America ho fatto my life, ho trovato my husband, mio mariti, sposato Palmiro.

Yes, I know: *Romeo and Juliet*, dream, sogno. Fantastic! *Giulietta e Palmiro* reality, realtà. Normal!

Ma io felice, sì. Porché vedi, parlo anche a ragazze giovine, quando una giovine pensa, fantastica grande amore like a mission, "Io TI salverò"! Yes, important, ma più importante "Io MI salverò"!

Porché vedi, vita senza amore difficile.

Ma, amore senza vita impossibile...

Have you see good luck!

PENELOPE

(Da Shakespeare a Omero...
La paziente e fedele sposa meritava davvero
di attendere tanto l'amato e inquieto Ulisse?)

(*Penelope è intenta a dipingersi le unghie. Canta malinconica*)

"Penzamiii... Tando tando intensamenteee... Con il coppo e colla mendeee..." Tttriiin! (*la interrompe lo squillo del telefono*)

Proondoooo? (*risponde con marcato accento siciliano*) Qui è Penelope figlia di Icario e della Naiade Peribea. Cu è?

(*qualcuno chiede al telefono di suo marito Ulisse*)

No mio marito non gè, è via per qualche tembo. Pattito è. Se ci so dire quando rritorna? 'Nzzz... Vago fu!

M' lasci 'u messaggiu ca io c'ò rriferisco. Buonaseera.

(*riprende in mano il boccettino dello smalto canticchiando un diverso motivo*)

"Soooono una donna, non sono una santaaaaa... Non tentarmi..." Tttriiin! (*la interrompe nuovamente il telefono*)

Prondooo? Qui è Penelope figlia di Icario e della Naiade Peribea. Cu è? Angoora vossìa?! Ci dissi ca nun gè! Pattito è!!! Lontanissimo andò! Non lo so quando... (*improvvisamente Penelope cambia espressione, visibilmente agitata*)

...Ma che per caso di scherzo s'trattò? Come facisti a pigghiare o numero meu? Fatti arriconoscere ca se onesto sei, di pessona t'appresendasti! Ma che per caso vero è... Vero vero è? ...Oddìo mi senda male...

Pe' Ssanda Rosalìa, c'sta Ulisse 'o telefono! (*e sviene*)

(*torna in sé*) Prondoooo?!?!! Ulisso?!!! Ulisso si' tu?

(*riceve conferma*) Signorina, la linea!

Mi passi ammio marito. Sono Penelopa la moglia.

(*finalmente riconosce la voce dell'amato sposo*)

Ulissu! Ulissu mio beddu! Ulissu mio tesooro!

Non mi pare o vero ca ti sendo la tua voce! Ulissu mio beddissimo... Ulisso mio... T'amo ceccato a tutte le vanne, come stai? Stai bene? (*lui, evasivo, le rivolge altre domande*) Sì, noi stiamo tutti bbene! Sì, Laerte nei cambi andò. Telèmaco? Uora, uora è sceso co' cane. No, che commissario Rex? È Argo 'u cane nostru, 'u scurdasti amoore? (*lui sembra distratto*)

Che tembo fa a Itaca? È sembre uguale, Ulisso, un bo' sole, un bo' vento... Isola vendosa è!

Ma tu piuttosto, dimmi: È vero ca ci stanno i Ciclopi?

Come chi sono i Ciclopi, Ulisso... L'hanno fatto vedere pure alla televisione... Polifemo! 'U gigante ca tiene un occhio solo, o vidisti a Polifemo?

(*Ulisse vuole confonderla*)

No, non sono uscita scema! I Cimmeri, i Lestrigoni, i popoli sconosciuti, Eolo, 'u re dei Venti, lo vedisti a Eolo?

(*Ulisse è vago, Penelope precisa*)

No Eolo, Pisolo e Mammolo... Eolo!!

Tu non ingondrasti a nessuno? Solo a Pippo Baudo?

Ma si può sapere dove ti trovi?

(*lui è sempre più evasivo*)

'n fretta perché stai a gettoni?... Minghia pe' nna volta che chiami non ti potevi pigghiari a scheda?! Dimmi almeno la zona, 'u condinende... Asia, Australia, Africa...

(*finalmente Ulisse risponde*)

Sando Domingo???

(*Penelope inizia a realizzare*)

Sendi un bo' Ulisso, a Sando Domingo... Solo sei?

(*Ulisse confessa*)

...Co' Circe? (*Penelope sprofonda*)

E cierto, aora capisco!

(*Ulisse tenta di sminuire la cosa*)

Non fare la solita sicilianuzza gelosa... Perché tu, olandese sei?!

E cierto, lui divendò famoso ma l'Odissea mia fu!

Meschina io! Tutto il tembo dietro la tela, fila e sfila, fila e sfila, con quei fetusi dei Proci sembre addosso... E lui se ne andò a Sando Domingo co' Cicce.

(*Penelope pensa con amarezza alle promesse non mantenute*) ...E tutte quelle frasi: "Fatti non foste a viver come bruti?".

(*Ulisse controbatte con strafottenza*) "Sono cose che si dicono..."

Ah sì? E la nostalgia della patria natìa?

(*Ulisse, con tono indolente*) "Passò..."

E cietto, co' Cicce... non eri più inquieto...

(*Penelope diventa risolutiva*)

Senti un bo' Ulisso, per il tiro coll'arco, t'dispiace se nun m'facciu trovari? Tando tu, uomo di monto sei... Me la saluti tu a quella bottana di Cicce? Ci dici anghe a Cicce che il suo incantesimo, superato fu!

Eh sì, perché vedi, tesoro, (*Penelope incalza con nonchalance*) a noi fimmine a trasformare un uomo in pocco, niente ci vuole!

M'stupirebbe di più se fra tandi pocci, m'facesse combarire un uomo. Ma quella un'altra storia è.

E angoora non l'hanno scritta!

CENERENTOLA

(...Davvero visse a lungo felice e contenta?)

(*in un quartiere povero di Napoli, una giovane donna con gesti affaticati stende il suo umile bucato. In lontananza un malinconico mandolino...*)

MARÌ "Ue' Geppì, pure voi di bucato?..."

GEPPÌ "Eh che vulit, nui fimmn tenimm semb cheffà..."

MARÌ "Ve la ricordate a Cenerentola?"

GEPPÌ "Comm'... S'era presa 'o Pringipe Azzurr! ...Allora?"

MARÌ "Se n'è andata!"

GEPPÌ "Se n'è andata?!! Ma non stavano felici e condendi?"

MARÌ "Si diceva, ma non era 'o vero... Che non li sendivo io da casa quando che si bisticciavano?"

'Tu puoi ringraziare a me!' diceva 'o Pringipe 'che stavi a fare la serva alle tue sorelle...' 'Sì, pcché mò?' diceva essa. 'Fai la spesa, fai la casa, port 'o criatur a scuola...'

PRINCIPE 'E tu potevi stare a casa quella sera, invece di andartene in giro in gopp' a zucc...'

CENERENTOLA 'E lo dovevo sapere, lo dovevo immagginare... Io mi aspettavo truà nu signor, nu Pringip, mica nu fetent comm' a tte! Quella la fata me l'ha detto: Cenerè, i' t'agg avvisat, *dopo* l'incandesimo, finisce... Mang nu tassì mi hai chiamat, co' tutt ch'era mezzanotte.'

PRINCIPE 'Tu sei andata via coi sette nani...'

CENERENTOLA 'Quella, è mia cugina Bianganeva. Angor n'hai capit com'è combosta la mia famiglia?'

PRINCIPE ...Famiglia? Sett ricchiuon: Eolo, Pisolo, Mammolo...'

CENERENTOLA 'Pcché, ca tien da dicer? È bella a famiglia soa... La zia la Baronessa pare nu comò: al Castello non muove foglia si nun parl ess!... Castello? Quattro torri fetenti; nu drag ringoglionit ca tutt'e vot ca torn da fa la spesa, m'fa pigglià 'u nuànd (90): angor n'ha capit c'abbit ca?!!'

PRINCIPE 'Eh, non trovo a venderlo...'

CENERENTOLA 'E chi s'accàtt! Ma iettl... Ind 'o fossat mettc' a zia! Què, què...'

PRINCIPE (*perde le staffe*) 'Uèee Ceenerèe! Bada che io, song 'o Pringip Azzurr!!' (*con un colpo di tacco sul palco*)

CENERENTOLA (*per nulla impensierita*) 'Ah sì? (*sorride al pubblico con una smorfia di sarcasmo*) Ma tu puoi essere azzurr, giall, biang, ecrú... T'piac ecrú? Fucxia! I' nun c'a fazz cchiú. I' m'ne vac. I' t'lass. Io ti lascio!'

GEPPÌ "...Uh Marooooonn! E 'o Pringip?"

MARÌ (*con tono grave*) "È uscito pazzo! Penza che va in giro col sandalo di sua moglie, lo vuole 'infilare' a tutte quelle che ingondra..."

GEPPÌ "Uh mammamia! Ca brutta fin..."

MARÌ "Brutt'assai. È andato puro a Maria Di Filippo, a *C'è posta per te.*"

GEPPÌ (*ansiosa*) "E lei ci ha risposto?"

MARÌ (*con aria esperta*) "Mang' p' 'u cazz..."

GEPPÌ "Be', Marì, fammi andare che se arriva Pasqual, e non trova prond, pass u' guaio..."

MARÌ "Sì sì, Geppì, io puro... (*rientra in casa scopando il balcone intonando una canzone con amara ironia*) 'Perché io sognavo un pringipeeee...'"

L.M.

CAPPUCCETTO ROSSO

(*una signora giovanilmente invecchiata, truccata e vestita con maliziosa femminilità viene avanti sul palco. Sembra cercare qualcuno rivolgendosi al pubblico*)

Mo' scì, l'uomo è lupacchione! Perde il pelo ma non il vissio... E io sono una che di lupi, modesti a parte, me ne intendo.

Mi presento: son la nonna della Capuzzetto Rosso.

Scusate il disturbo, arrivo adesso da Bologna, avevo appuntamento qui con la mia nipotina (*mette a fuoco lo sguardo cercando in sala*). L'avete vista mica mo'?

(*nessuno le dà notizie*)

Quella ragassa, non la riconosco più... Era tanto una bella bambina (*con nostalgia*). Mo' me l'han rovinata, ve'. Con tutte quelle storie che z'han raccontato... mo' chi la capisse più adesso...

(*racconta*) A quindizanni è andata a stare con l'Hansel e Gretel, cos' che avran fatto lì quei tre non zi voglio neanche pensare...

Poi mi è andata via con l'Alize, nel paese delle meraviglie, mo' sai che meraviglie... Poi l'Alize è andata via di casa, ha lassiato un biglietto: Alize non abita più qui. Sarà andata dal Battiato... Non bastava il De Gregorio!

Poi me l'han vista con quella ragassuola che azzendeva i focherelli, sul racordo anulare... Mo' per forsa!

Con una bambinaia come la Meri Pompins: "Basta un poco di zucchero e la pillola va giù...". Che ti aspettavi?!

Lì chi è stata furba è stata la Paperina: è una vita che fa la smorfiosa col Gastone, ancora non si è capito se ze la dà o non ze la dà; quel povero fidanzato del Paperino, sposarlo neanche a parlarne!

Capirai, con quei Qui, Quo, Qua tra i piedi, non ha il becco (si capisse, è un papero) di un quattrino...

Chiamala oca!

Altra scuola, 'mericana...

(*si sporge nella speranza di veder arrivare la nipote*)

Mi si era anche fidansata col Pinocchio, ve'... Solo che poi eran sempre lì che si litigaveno: "Adesso basta, son mica un buratino!" (per una buzia che mia nipote z'ha detto... Se non la capissi tee).

È anche vero che poi a un zerto punto lei ha conosiuto il Piter... e Pan! Il Pinocchio si è arrabbiato: "Son mica di legno! Se proprio mi devo rovinare vado col Benigni!".

Io ze l'ho detto: "Bambina, quando che troverai un bel zovanottino ch'è una favola, te vieni dalla nonna e 'scolta me. Quando che lui ti dize: 'Mo' che occhi che zai!' te zi devi rispondere: 'Mo' sì, per guardarti meglio...'".

LUI "Mo' che mani che zai!"

LEI "Mo' sì, per 'guardarmi' (*indica il movimento delle mani che tengono il corteggiatore a più saggia distanza*) meglio..."

LUI "Mo' che bocca che zai!"

(*la nonna di Cappuccetto Rosso si arrende*)

Mo' ben, sci può mica sempre dire di no... "ATTENTI AL LUPO! ATTENTI..."

(*esce canticchiando*)

L'AMANTE

Va bene, allora faccio l'amante.

Perché lei che jè vicina adesso jè distante
Nun ce sta cor core,
ca' a testa
cor sesso,
'nzomma nun je sta appresso.

Allora faccio l'amante.

Lo ascolto
lo capisco
a letto lo sfinisco...

...Embè, so' l'amante.

Però, da un po' de tempo a questa parte
aò, me so' stufata sa, de fa' sta parte:
perché lui ritorna a casa

accanto a la sua sposa.
E io me sento un po' fregata
diciamo un po' dolosa.

Allora ma riggiro e dico:
"Mo' 'o lascio".
Poi dopo ma riggiro e dico:
"No, nun poscio".
Perché io già m'o vedo:
io m'ammascio...

...E si poi nun s'ammascia?
Se trova, nun so, 'na roscia
magari più bagascia
che je lo disce 'n fascia
quello che me sconquascia...

Io dico, questa moje
che se l'è preso accanto
com'è che nun realizza
che nun se rende conto.

Io dico, sta ragazza,
che la capisco pure,
com'è che nun lo cerca,
je nega le sue cure?

Io vedo: c'ho er lavoro,
mi fja, casa mia,
eppure quann' arriva
sta certo che me trova.
Ma pure si me costa!
Perché je voio bene.
È questa a risposta.

E quindi me domanno:
com'è che lei sta al mare
e lascia qua er marito
da solo a lavorare?

E infine me risponno:
nun è che se ne frega
mentre io sto qua
a farme questa... sega?

'Nzomma vojo di'
signora, o a lei, signore,
ma qui chi è
l'amante,
er tradito,
er traditore...

A me me pare lei
pure che tradisce

(stando ar famoso patto
che il matrimonio unisce).
Lui s'è organizzato.
E chi ama ne subisce.

Però ce sta 'n amore
che pure va salvato.
Ch'è quello pe' se stessi
nun solo pe' l'amato.

Perché si quest'amato
te tiene per amante,
embè nun è sto grande amore
nun è così importante.

E quindi se nei fatti
so queste le intenzioni

…MA LEVATE DE TORNO
E NUN CE ROMPE LI COJONI!

...A TUTTE LE MALAFEMMINE

(con le mie scuse a Totò)

(*su melodia orginale del brano* Malafemmina, *rivolgendosi a un lui*)

S'avess fatt a 'n at
chell' c'à fatt a me
stat' t'avess accis.
O vuo' sape' pecché
Pecché 'ngopp a sta terr'
ommn' comm' a te
nun c'avess' sta' pe donn
onest comm' a me.

Femmna
so io a Malafemmna
che stu occh'
tu hai fatt' chiagnere
lacrime e infamità?

Femmna
so io pegg' e 'na vipera
t'ho 'ntussicat' l'anima
e mo' nun po' campà?
('O ver...)

Femmna
so dosce comm' o zuccher
però sta faccia d'angel
m'serv' p' ingannà?
(A te... sè mo', mo'.)

Femmna
io ero la tua femmna
ti voglio bene
e t'odio!
Nun te poss scurdà...

LA MOGLIE

(...Dice: ma perché nun te sposi?)

(*recitato-cantato, a mo' di stornello romanesco*)

Amore so' diecianni
che so' sposataaaaaa
e dieci me l'ho fatti
da fidanzataaaaaaa.

Si era 'na galera
già ero 'scitaaaaa
'nvece quanno ami
n'è mai finitaaaaa.

(*musicato-cantato, sempre a stornello*)

...E quanno c'arriva
a casa la sera
je faccio trovare
'na bella atmosfera

la cena è già pronta
er fjo ’ndormito
si no poi ’o sai
se stressa er marito.

Se butta sur piatto
sur telecomando
poi sur divano
s’abbiocca russando.
Così me ritrovo
a fa’ i piatti ’n cucina
e penzo a mi madre
quand’ero bambina

che già je vedevo
quell’aria sfiorita
chissà se felice
de fare sta vita.

Poi spengo la luce
me metto ner letto
je cerco ’a mano
così per affetto…

…Allora si ha voja
se lascia abbracciare
si no nun se gira

e continua a russare.
Oppure me sveja
de colpo eccitato:
du botte in silenzio
e così lui m'ha amato.

Così me rimango
co' j occhi ar soffitto
me guardo sta casa
ch'è pure in affitto.

(*accelera il ritmo*)

Ma si poi domani e 'n'artra giornata
je faccio trovà a cammicia stirata
poi faccio 'a spesa domenica è chiuso
ah già poi è festa compramo 'e paste.

(*torna lento*)

Io già mo 'o vedo
'a radio 'a partita
faremo, 'o so,
'a solita uscita
'a visita classica
amici e parenti

e tornamo a casa
felici e scontenti.

...Ma si che me manca
è 'na bella famija
e tiro a campà
finché morte me pija
e tiro a campà
finché morte me coje
embè, che voi fà...

...AÒ, SO' A MOJEEEE

(*fa un inchino e se ne va*)

DESY

(Effetivamente, con l'uomo ghe va' ironia...)

Mi no, per esempio, gò apena finito una storia no (cioè la storia xè finita e mi gò dovuto adatarme) e alora capissi che, piutosto che andar fora e metter su una roba carina, ussire con un bel fiol, prestante anca, che magari gà tutto, ma no gà dentro quello che me nezessita, preferisco stare a casa e andare a letto (tanto se vai fora devi sempre andare a letto...). Almeno questo xè il mio, la me conosse, no me devo presentar!

Gò i miei ricordi... I miei pensieri... E una malinconia, boia cavolo! Gò tempo per le memorie, son zovane ancora e il problema resta: la solitudine che è tremenda.

Che poi bada, mi me piase star sola: leggo, telefono, scrivo... Prego anca... 'Naffio le piante...

...Ma mi, chi me 'naffia?

Gò bisogno anch'io de l'acqua de la passion!

Solo che magari trovi uno che la te bagna troppo, e mi no lo sopporto! O troppo poco, incompetente!!

E quando che magari trovi uno che sa farlo ben, che era ora, temporaneo! Capissi?

Quando che mi g'avèa in mente un prozetto eterno! Cosa intendi ti Desy per eterno?

Niente, una roba SEMPRE.

Che ti pensi ieri: lo amo. Pensi oggi: lo amo. Pensi domani e, bada: no te gà modo de dubitar.

Perché l'amore no xè risparmiato dalla realtà, la realtà xè un tarlo che tacca dappertutto. Però, se l'amore xè di legno buono, resiste! Ansi, co' la visita de la realtà la se nobilita, acquista valore.

Poi, paròn de pensar che l'amore no xè tuta questa roba, e orientare la prua de la tua barca verso i lidi del cinismo, ma anca se la te senti Capitan Findus, prima o poi la secca ariva, e voglio vedere come ti fa... Se ariva.

Per mi, quando che arivi al zinismo, e te gà negato il valore dei sentimenti, de la passion – "La passione muove il mondo!" diceva qualcuno più importante de mi – te gà sprecato un'esistenza.

E la tua, Desy, di esistenza?

Mah... Ghe xè de le volte che nel mio piccolo la me sento unica e de le altre, che nel mio unico la me sento piccola.

Bilancio pesante ecco... Poraria finir de vivere anca domani. Poi inveze, ghe xè de le volte che la me sembra che gò ancora emozioni da vivere, ricordi da offrire, foto da scattare.

Perché mi son proprio come una pelicola sensibile: la vita la me impressiona!

Varda, non fosse che per viver devi per forza far qualcossa, mi la vita me basteria de vardarla.

Cosa ti fa ti Desy ne la vita? Niente, guardo.

No creder che sia poco. Perché gò tanto da vedere, e zerte cose le devo rivedere.

Esempio: i gerani che gò sul balcon. Come che fanno a fare i fiori? Prova te a fare i fiori. Dai, prova (*si guarda le mani come a farli uscire dalle dita*), così rosa poi, che la tera xè marone... Xè misteri questi qua.

Opure, zi hai fatto caso quando che resti sveglio la notte, che magari voresti vederlo quel momento che ariva il zorno, che era notte e stai lì a guardare quell'apuntamento segreto, ma no ti riesse de veder dove che è fugita la notte... Il giorno l'ha tirata via e tu non sai dov'è che andata.

...Xè misteri questi qua.

O quando che guardi il viso di chi ami. Ci hai fatto caso?

Magari quando guardi qualcuno, te piase no te piase no importa, lo guardi e basta, finito.

Ma quando che ti guardi il viso amato, entri dentro quel viso e ti perdi... E prima che ritorni da quel viaggio, capace che ti va via una vita...

...Xè misteri questi qua.

Te dici, per cosa che esistono i matti?

Perché noi vivendo lassiamo andar via tutto distrattamente, e ghe va qualcuno ai bordi de l'universo a trattenere il mistero. Solo che l'emozione è grande, e dentro devasta!

Sai quando che me sento sola mi? No tanto quando no gò qualcuno con cui parlar, che anca xè importante.

Ma quando no ghe xè nessuno con cui dividere il silenzio. Ecco, allora ti accorgi del pericolo che stai corendo...

CETTY

...Scusate, ma questo non era un caparè?

No perché io ho venuta qui per divertirmi, e a sendire certe cose serie uno si scongerta... So no, mi!

Comungue mi presendo, sono Congètta da Milano, detta Cètty. Sono pugliese di nascita, e milanese di adozione.

Diciamo che aveto fatto un'adozione a distanza...

Sì, comungue ho sendito tutte le cose che hanno detto sugli uomini, e angh'io sono combletamende d'accordo: l'uomo non è proprio circongiso per la vita a due!

Guarda, io non mi ho fatta mangare niente. Ho stata benvoluta, fidanzata, sposata, separata in gasa, fuoricasa, tutto!

Adesso sono singhel. Mia madre giù dice: "Mia figlia fa la singola". Sì, singola co' bagno... Singhel! Vuoi mettere? Tutto un altro ritmo! Singhebell... Singhebell.

Ciò la mia macchinètta, vado sü e giü, non devo chiedere niende a nessuno, no come prima che tornavo a casa dopo una giornata di lavoro, stanga dell'ufficio e ci dicevo a mio marito: "Caro, vogliamo andare a vedere un bo' di caparè, o a vedere un ginema, o a prendere un gelato... O a prendere un drinks...". E ti sendivi tuo marito che ti rispondeva: "Prendimi un bo' di bicarbonato piuttosto, chissà che digerisco, che ciò un peso sullo stomaco...".

Capisci? Ti smonda!

Non barliamo poi dei mestieri in casa, o la spesa del sabato?

Una traggedia che inizia all'alba!!

E comingia a piazzarsi davandi al bagno con l'orologio alla mano neanche fossi una cendometrista: "E sei pronda? E sei pronda? E sei pronda? E ti spicci? E ti...".

"Ou, te la finisci?!! Che io mo' sono endrata."

No come lui, che se ne sta ore davandi allo specchio, tira, tira e tira, co' stu gel per quattro peli che tiene...

Comungue finalmende si esce, e in macchina ti aspetta per il secondo round. Tu fai l'indifferende e lui inziste: "Mo' devi vedere la gente che ci sarà... Mo' devi vedere a trovare il parcheggio... Mo' devi vedere a trovare gli euri...".

Tu condinui a fare l'indifferende prima che l'ammazzi. Io non lo so quella pubblicità, "Ambrogio c'avrei un gerto lancuorino... Signora non ti preoccupi, ci do il ferrero roscè!". Mi ricordo una volta stavamo sembre in macchina:

CETTY "Filippo, mi sendo una cosa qui, che per caso tieni un ferrero roscè?"

FILIPPO "Sì, mo' che arriviamo al grillo mi fermo."

Oh, stavamo sulla Milano-Bari, si è fermato a Moffetta! Angora un bo' me ne cadevo a terra...

FILIPPO "Be', non lo vuoi più il pocheccoffi?"

CETTY "Mo' te ne vieni? Te lo tiro in desta se non te ne vai di qua!"

...Va be', finalmende prendiamo il carrello, e ci avviamo:

CETTY "Allora, che dobbiamo prendere... La pasta, i pelati..."

FILIPPO "Vai avandi, vai avandi..."

CETTY "Vogliamo fare un bo' di insalata di riso? Pigliamo i funghetti... Il tonno... Lo vuoi il tonno?"

FILIPPO "Vai avandi, vai avandi..."

CETTY "Allora per la colazione, il caffè, il

mesquic, i cereali, la brioscia del mulino biango..."

FILIPPO "Vai avandi, vai avandi..."

CETTY "...Mulino giallo? Verde?"

FILIPPO "Vai avandi, vai avandi..."

CETTY (*ormai spazientita*) "Dendifricio... Cartiggienica... Saponette..."

FILIPPO "Vai avandi, vai avandi..."

CETTY "Inzomma, che cosa siamo venuti a fare qua, che non mi fai fermare a nessuna parte!"

FILIPPO "E tu ti vuoi fermare dappertutto..."

CETTY "Na'... E come la dobbiamo fare sta spesa?! Ci dobbiamo fermare solo al coso del uiski, che lui lo vedi che scombare e sta ore là a scegliere angora arriva l'indenditore..."

Oppure, piglia profumi e spruzza.

FILIPPO "Sendi, ti piace? È per l'uomo che non deve chiedere mai..."

CETTY "...Devi chiedere, devi chiedere. Specie stasera, ti faccio vedere io!"

Finalmende arriviamo alle casse con la spesa fatta per modo di dire, e ingomincia il quarto raund.

FILIPPO "Madoooonn, che coda! E quando passiamo più qua..."

CETTY "È meglio che mi sto ziita, angora faccio un ex pluax..."

FILIPPO "Ma vedi quanda gente che c'è... Mo', quasi quasi mi vado a fumare una sigaretta che mi rilasso."

CETTY "Vai va', chissà che mi rilasso angh'io..."

FILIPPO "Allora io vado. Quando torno ti trovo qua?"

CETTY "Non lo so... Può anghe darsi che me ne vado a ballare."

FILIPPO "È inutile che fai la spiritosa."

CETTY "Sendi lasciamo perdere... Ci vediamo alla cassa."

Finalmende pigli fiato, torni una persona civile, ti fai la tua bella coda tranguilla, arrivi alla cassa, fai per pagare... E non trovi il portafoglio!

CASSIERA "Signora, non ce l'ha la carta Sì?"

CETTY "...Ciò la carta Forse."

E allora ti sendi di chiamare l'altoparlande: "IL SIGNOR FILIPPO È ATTESO ALLA CASSA CINGUE. IL SIGNOR FILIPPO È ATTESO...".

Te lo vedi arrivare tutto traffelato...

FILIPPO "Ch'è successo, ch'è successo..."

CETTY "Ch'è successo? Niende. Paga, che ti hai dimendicato di lasciarmi il portafoglio."

FILIPPO "Ecco! Solo a te succedono queste cose... Non ti accombagno più!"

CETTY “Ma non gi venire, che mi fai un biacere! Io non lo so quello a Battisti, come ci è venuto di fare una canzone (*accenna il motivo*) ‘In un grande magazzino una volta al mese, spingere il carrello sottobraccio a lei, e parlar di surgelati ringarati... Perché no... Perché no.’”

...E perché non è possibbile! So no, mi.

E stiamo solo parlando di cose ordinarie. Non di dico quelle straordinarie: il SESSO? Il PIACERE?

Un terno al Lotto.

Sono più le volte che non esce che quelle che esce...

Hai voglia a organizzare: gueppier, luce soprusa, musica di Toto Cotugno in tutte le stanze...

FILIPPO “Cetty, quando tembo che non di vedevo così...”

CETTY “No, Filippo, quando tembo che, io, non di vedevo così. Comungue sorvoliamo.”

FILIPPO “Cetty, stasera sei fandastica! Stasera mi fai imbazzire Cetty...”

CETTY “Anghe tu Filippo.” (Forse)

FILIPPO (*con voce sexy*) “Cetty, stasera che deve fare Miki Rark e Kimmi Bassingher...”

CETTY “Non lo so che devono fare... Cinema

per cinema, io mi ho messa anghe la sigla (*ancheggiando*): 'Cetty Woman...'."

FILIPPO (*ormai lanciato*) "Cetti, stasera ti rovino!"

CETTY (*divertita*) "...Ma va? E nan am' a ste' a vdà?" (Traduzione per gli italo-pugliesi: "E non dobbiamo stare a vedere?".)

FILIPPO (*eccitato, con voce sussurrata*) "Cetty mi fai imbazzire, non ti resisto Cetty, Cetty sei ingredibbile..."

CETTY (*con segni di cedimento*) "...Anghe tu Filippo sei un bo' ingredibbile."

FILIPPO "Non di fermare Cetty, non di fermare."

CETTY "Filippo, non di fermare tu!" (Casomai.)

FILIPPO (*travolto dal desiderio*) "Cetty, Cetty, Cetty..."

CETTY (*quasi convinta*) "Filippo... Filippo..." (Ci voglio credere.)

FILIPPO "Cetty..."

CETTY "...Filippo!"

FILIPPO "Cetty... sei strapitosa!"

CETTY (*arrendevole*) "Filippo ci sto credendo!"

FILIPPO (*inarrestabile*) "Cetty! M'sta' fasc' perd' la cap'! Cetty!"

CETTY (*ormai coinvolta*) "Filippo non di fermare!"

FILIPPO (*imperioso*) “No, Cetty, no!”

CETTY (*nel vortice del sesso*) “Filippo... Filippo... Filipp... Filipp... ...Ip.”

(*Filippo non risponde*)

CETTY (*intuisce*) “Filippo?!!” (*scazzatissima*) “E sei peggio di picchìndolor...”

...Sta già al bagno tutto soddisfatto e canda, pure: “Gillèt il meglio di un uomo...”.

Altro che 9 settimane e mezzo, quello lì non mi fa neanghe 9 minuti e mezzo!

E praticamende, non lo sendo...

(*parte la sigla di* Pretty Woman)

(*per ki è arrivato fin qui senza voltare le paggine*)

Care e Cari amichi ke mi volete bene.
Io vi arringrazio ke mi aveto seguito in questo ex-curs,
in questo nostro diciamo, pupparlè, puppa...
finghé ciò avvoi ke vi posso raccondare i miei riflessi, mi sempra come ke, si i probblemi rimancono, ma
cè una forza ke fa l'unione
(non sovietica, anghe se leditore è Kolbaski).
Noi su questa terra siamo di passaccio, lo so
(soprattutto su quella televisiva).
Ma almeno noi ci siamo ingondrati, ci siamo abbracciati,
ci siamo riconosciuti!
E questo, è pezz'amore.
Poi, come si dice?
Ai poster... la sentenza!

Mi ha sempre emozionato il variare delle stagioni.

Oggi, fuori è come fosse febbraio. L'aria odora di neve e frittelle e io mi ricordo quando, bambina, me ne andavo con le mani in tasca al cappotto saltellando, le ginocchia nude ferite da qualche caduta in bicicletta.

Avevo i capelli lunghi, e sogni.

Sogni che profumavano la mia età di bambina.

Nel mio mondo senza inganni, precisa, percorreva il muretto, una pietra lanciata avanti e un piede in su.

I RINGRAZIAMENTI DI ANNAMARIA

Agli amici. Che mi hanno supportata.

Ai carissimi miei. Che mi hanno sopportata.

A mio fratello che se ne vuole andare in Olaska.

Alla mia infinitamente amata Charlotte.

Alle sue tenere amiche.

Alle donne. In cui credo.

Agli uomini. Che mi sono arrivati al cuore e non...

A Settimio Albero che a Monopoli ha sempre fatto moda.

Alla banda del Covo

(che non è un luogo di pirati ma di persone adorabili).

Ai ragazzi che hanno realizzato e supervisionato la trascrizione dei testi al computer.

A Giovanni che ha realizzato e supervisionato le merendine e con entusiasmo ha sostenuto le nostre forze e rincuorato i nostri dubbi.

All'irrinunciabile Giancarlo Bozzo e al suo rigore sovietico.

All'impareggiabile Pasquale Coppola e alla sua illuminata logica napoletana.

A quanti, quanti!, danno vita a Zelig.
Ai compagni di scena.
Al pubblico che non ringrazierò mai abbastanza.
Ai giornalisti che incoraggiano il nostro lavoro.
A Maria Pia Raggio... di sole.
Al brillante Marco Garavaglia.
A chi come ho fatto a dimenticare?
Alla mia amica Aldo.
Ai miei musicisti.
A Ivan.
A chi mi ha accompagnato su e giù per l'Italia, paese davvero straordinario!
Alla Sicilia.
Alla Puglia.
A Milan la gran Milan.
Alla mia città.
Al mio bisnonno ferroviere di Forlì.
Ai lavoratori.
Ai cassa-disintegrati.
A Valeria mia edi... cuor.
A Michele che sto scoprendo.
All'irresistibile Gino e a chi con lui ha amabilmente editato questo libro.
A chi lo leggerà.
Alla gente. Che amo.
Al mio gattino.
Ai sogni. Che fanno vivere.
Alla vita. Che fa sognare.
Agli angeli. Che ci ispirano.
A Sconsy.

NOTIZIE BIOGRAFICHE

Anna Maria Barbera, attrice e autrice torinese, si diploma a Firenze alla Bottega Teatrale di Vittorio Gassman.

Fra le tappe principali annotiamo una rivisitazione di *Amleto* diretta da Giorgio Albertazzi; il debutto torinese al teatro Piccolo Regio "Spazio per la Prosa" con *È scabroso le donne studiar...* di cui è autrice e interprete. Ancora Torino nei teatri Colosseo e Matteotti.

Approda a Milano al teatro Zelig con *Provaci ancora Man!* di cui è sempre autrice e interprete.

Interviene al programma di Rai Radio 2 *Guglielmo '95 Nuovi talenti per il 2000*. Sempre per la stessa rete è ospite con Paolo Rossi a *Ci vorrebbe un Gospell...*

Su e giù per la penisola arriva fino alla straniera Svizzera conquistandola con *Puppa...rlè*, una novità tutta italiana.

Sarà suo il primo Premio per il cabaret promosso da Telemontecarlo in occasione della Battaglia di Fiori '98 di Ventimiglia.

Si segnala al premio nazionale Ugo Tognazzi, IV edizione, vincendo la prima serata, sezione cabaret.

In ambito televisivo partecipa ai programmi *Periferia Vagabondo Creativo* in onda su Rai Uno, *Doppia W* trasmesso dalla terza rete Rai, *Zelig, Facciamo cabaret* su Italia Uno nell'anno 2000; torna a *Zelig* nel 2002 nei panni di Sconsolata. *Studio Aperto* le dedica un servizio. Interviene nel programma *Insieme* di Salvo la Rosa. È ospite del *Maurizio Costanzo Show* edizione 2002.

Gira con Adolfo Margiotta il cortometraggio *Fiat, Mon amour* diretto dal regista Gianni Torres.

Attualmente è impegnata con la tournée italiana del suo spettacolo *Sconsolatemi!* accompagnata dalla Sconsyband.

Rinnova il suo appuntamento col pubblico televisivo di *Zelig* per l'edizione 2003.

Stampa Grafica Sipiel
Milano, settembre 2003